INAUGURATION

DU

MONUMENT

ÉLEVÉ PAR LES ANCIENS ÉLÈVES DES ÉCOLES NATIONALES
D'ARTS ET MÉTIERS A LA MÉMOIRE

DE

M. DAUBAN,

Ancien Directeur de l'École d'Angers.

DISCOURS

PRONONCÉ

PAR M. PASCAL DULOS,

Professeur de Mécanique à l'École d'Arts et Métiers et à l'École des Sciences et des Lettres
d'Angers.

PARIS,

GAUTHIER-VILLARS, IMPRIMEUR-LIBRAIRE

DU BUREAU DES LONGITUDES, DE L'ÉCOLE POLYTECHNIQUE

SUCCESSEUR DE MALLET-BACHELIER,

Quai des Augustins, 55.

1876

INAUGURATION

DU

MONUMENT

ÉLEVÉ PAR LES ANCIENS ÉLÈVES DES ÉCOLES NATIONALES
D'ARTS ET MÉTIERS A LA MÉMOIRE

DE

M. DAUBAN,

Ancien Directeur de l'École d'Angers.

DISCOURS

PRONONCÉ

Par M. Pascal DULOS,

Professeur de Mécanique à l'École d'Arts et Métiers et à l'École des Sciences et des Lettres
d'Angers.

PARIS,

GAUTHIER-VILLARS, IMPRIMEUR-LIBRAIRE

DU BUREAU DES LONGITUDES, DE L'ÉCOLE POLYTECHNIQUE,

SUCCESSEUR DE MALLET-BACHELIER,

Quai des Augustins, 55.

1876

INAUGURATION DU MONUMENT

DE

M. DAUBAN,

Ancien Directeur de l'École d'Angers (1).

DISCOURS

prononcé

Par M. Pascal DULOS.

Messieurs,

Le devoir qui nous rassemble dans ce lieu du repos n'est pas seulement un solennel hommage rendu à la mémoire de l'homme distingué qui, pendant vingt ans, présida aux destinées de l'École d'Angers : il renferme encore un enseignement salutaire à ceux que le Pouvoir appelle à des fonctions d'autant plus difficiles à remplir qu'elles exigent plus de tact, plus de finesse de sentiment.

A quelque rang que se place l'Autorité, celui qui en a reçu le précieux dépôt, s'il l'a dignement gardé, est sauvé de l'oubli, et toujours son nom se perpétue environné de l'estime et de la considération publiques.

En présence de ce nombreux auditoire, où des hommes mûris par l'âge sont réunis à nos jeunes camarades des trois écoles, permettez-moi, dès le début, de vous exprimer une impression toute personnelle. L'acte que nous venons accomplir a peut-être un caractère de grandeur qui l'élève

---

(1) Le monument est surmonté d'un buste modelé par le statuaire Julien Roux et coulé en bronze à l'atelier de fonderie de l'École d'Angers.

D.

au-dessus d'une cérémonie commémorative ordinaire. Je découvre ici la consécration, je dirai même l'image vivante de cette grande unité de pensées, de sentiments, qui, malgré la variété des goûts, la diversité des travaux, les dissidences d'opinions, nous rattache tous à ce patrimoine sacré si long-temps confié à la sauvegarde de celui qui nous inspire de si sincères regrets.

Comme tous les hommes de valeur, M. Dauban fut entouré de nobles et généreuses sympathies, poursuivi par de vives et implacables inimitiés. Les succès et la reconnaissance de ses anciens élèves furent sa plus douce consolation des vicissitudes d'ici-bas.

C'est comme interprètes de cette reconnaissance, mes chers camarades, que vous êtes réunis dans ce lieu de recueillement. En vous imposant la tâche de signaler à la gratitude commune le nom et la vie de l'ancien Directeur de l'École d'Angers, vous vous êtes en quelque sorte constitués les organes de vingt générations d'élèves envers l'homme dont les services ont laissé parmi nous de si beaux souvenirs. J'oserai dire qu'il y a quelque chose de bien moral dans cette pensée de perpétuer ce qui est utile et généreux pour l'offrir en vénération et en exemple. Elle forme d'ailleurs un contraste frappant et en même temps une heureuse compensation à la funeste ardeur avec laquelle les passions politiques ont abreuvé M. Dauban d'amertume et de dégoûts vers la fin de sa longue et laborieuse carrière (1).

Notre excellent camarade Flaud n'est plus ! A son affection toute filiale incombait la mission de faire l'éloge de son ami. Confondons dans les mêmes sentiments le maître dévoué et le disciple bienaimé ! Ils ont l'un et l'autre, à des titres divers, bien mérité de nos Écoles (2). Pour moi

---

(1) Dans le mois de mars 1849, M. Dauban fut purement et simplement relevé de ses fonctions. Plus tard il fut admis à la retraite et reçut le titre de Directeur honoraire.

(2) Flaud (Henri), député des Côtes-du-Nord à l'Assemblée nationale,

que vous avez cru digne de remplir ce pieux devoir, je me sens vivement touché d'un honneur qui m'associe plus intimement à une mémoire justement vénérée.

Vous avez, presque tous, connu et apprécié M. Dauban. Il serait peut-être superflu de reproduire entièrement une biographie profondément gravée dans vos esprits, religieusement conservée dans vos cœurs ; mais, quand on parle d'un être regretté, on n'a jamais tout dit ; on voudrait recueillir les moindres réminiscences, recommencer, au moins par la pensée, ces relations dont le charme ne nous apparaît plus que par le souvenir.

M. Dauban préluda heureusement à la direction de l'École d'Angers dans une compagnie célèbre, qui restera toujours un vaste foyer de lumières, un modèle de bonne éducation (1). Esprit fin et délié, discoureur aimable et fécond, d'un caractère enjoué, sous une apparence grave, imposante et presque puritaine, il apporta parmi nous ces habitudes de courtoisie, de politesse exquise, d'urbanité française qui lui assignèrent un rang distingué dans un monde qui savait l'apprécier.

A cette époque, qu'un ingénieur de nos camarades appelait naguère l'Age d'or de l'École d'Angers, les salons de la direction furent le centre de brillantes réunions, où souvent les élèves de mérite prenaient place à côté de quelques personnes de distinction et de leurs maîtres de tous les degrés. Assurément ces relations touchent bien plus à la vie de l'homme privé qu'à celle de l'homme public ; mais disons-le à la louange de M. Dauban, elles étendaient leur douce influence sur les devoirs à remplir, en faisant naître l'unité de but, la nécessité d'une action commune, l'estime et le

---

l'un des principaux fondateurs de la société fraternelle des Anciens élèves des Écoles d'Arts et Métiers, a été le promoteur de la souscription ouverte pour l'érection du monument.

(1) M. Dauban, agrégé supplémentaire de l'Université, Sous-Directeur au collège royal Henri IV (Almanach royal, 1829).

respect réciproques des caractères. A travers bien des an-
nées, on se rappelle encore avec bonheur ces compétitions
courtoises, cet échange d'idées, ces conversations sérieuses,
ces controverses vives, animées, qui faisaient rayonner la
vie intellectuelle sur l'École tout entière.

Les commencements de son administration ne furent cependant pas sans difficultés. Aux grandes commotions politiques succède toujours une inquiétude fiévreuse, qui en-
gendre la suspicion et sème souvent la division parmi des
hommes que des rapports sociaux, des conformités de goûts
avaient jusque-là étroitement unis. La critique des écoles de-
venue à l'ordre du jour prenait un caractère acerbe, dédai-
gneux; et, souvenir bien amer dans les annales de l'Insti-
tution, les hostilités commencèrent dans cette ville qui avait
si cordialement salué la venue du nouveau Directeur. Du haut
même de la tribune parlementaire quelques esprits prévenus,
sous le spécieux prétexte d'innover, proposèrent des mesu-
res qui tendaient à détruire. Dans un remarquable mémoire,
dont l'énergique fermeté n'excluait ni l'élégance de la forme,
ni le respect du Pouvoir législatif, M. Dauban présenta la
question sous le véritable côté, et la cause fut gagnée. Une
ère nouvelle commença, on vit renaître la confiance et dis-
paraître d'injustes préventions.

C'est ainsi que les écoles laissées à leur vie propre, amélio-
rées sans secousse, ont pu, sous le patronage éclairé de
l'éminent Inspecteur-général M. Vincent, former cette bril-
lante pléïade de Chefs de fabrication, d'Ingénieurs distin-
gués, de Mécaniciens de la marine, que l'on rencontre dans
les grands centres d'activité, sur les chemins de fer qui sil-
lonnent notre pays et l'étranger, en des régions lointaines,
au delà des mers, partout enfin où il faut porter le témoi-
gnage irréfragable du génie industriel de la France (1).

---

(1) M. Vincent, ancien élève de l'École Polytechnique, ancien Directeur
de l'École de Chalons, Directeur des constructions navales, peut être considéré

Au temps où nous nous reportons, les jeunes élèves venus à l'École pour y apprendre un métier, comme l'on disait alors, n'y recevaient guère des leçons qu'au gré du hasard qui les jetait dans tel cours ou dans tel autre. L'instruction n'était dirigée d'après aucun plan suivi ni méthodique. M. Dauban eut la bonne fortune de trouver à l'École d'Angers, comme chef des études, un homme de cœur aussi distingué que modeste. Vous comprenez que je désigne à votre attention M. Bobillier, géomètre profond dont les travaux, malgré les transformations de la Science, font encore autorité. Loin de voir en lui une puissance rivale capable de gêner la liberté de ses actes, il sut s'attacher cet esprit d'élite par les liens d'une amitié qui ne s'est pas un seul instant démentie (1).

Sous ses auspices, le savant analyste composa ces ouvrages élémentaires, clairs, concis, qui marquèrent, dans les écoles, l'origine de cours sérieux, réguliers, et inspirèrent à tant de nos camarades le goût des études d'un ordre supérieur. C'est encore sous la vigoureuse impulsion de M. Dauban que l'État se décida à construire ces vastes ateliers qui à une admirable appropriation joignent la symétrie, le luxe et l'élégance dignes du *Palais de l'Industrie* de l'intelligente cité angevine.

Mais ce n'est pas assez d'une organisation habile. Dans l'éducation de la jeunesse, il faut encore de la méthode, c'est-à-dire de la sagesse et de la discipline qui fassent marcher ensemble la culture du cœur et celle de l'esprit ; les systèmes adoptés dans les écoles n'aboutissent souvent qu'à les séparer, à faire régner l'une à l'exclusion de l'autre. Sans doute

---

comme le véritable créateur du corps des mécaniciens de la marine. Les élèves des trois écoles y occupent aujourd'hui les positions les plus élevées.

(1) Bobillier, ancien élève de l'École Polytechnique, analyste distingué, esprit véritablement original et fécond, à qui l'on doit une riche mine de théorèmes et d'aperçus ingénieux sur les coniques. (*Traité des propriétés projectives des figures*, par le général Poncelet, membre de l'Institut, tome I, page 493.)

la rigueur disciplinaire obtient le travail et l'instruction, mais quelquefois par le sacrifice des qualités du cœur. Le relâchement des règles et la mollesse dans la direction peuvent produire l'affection, l'expansion de l'âme avec l'aisance et les formes extérieures, mais ces avantages souvent s'achètent au prix des progrès de l'esprit et du développement de l'intelligence.

M. Dauban n'adopta exclusivement ni l'un ni l'autre de ces deux systèmes. Il ne suffit pas à la discipline d'être sévère : pour être efficace, il faut qu'elle soit paternelle. C'est dans cette conviction qu'il chercha toujours à tempérer la rigueur par l'indulgence et à prévenir le retour des écarts par la persuasion. Cela seul peut expliquer pourquoi, à une certaine époque, il essuya en même temps, de la part de personnages fort graves, les reproches contradictoires de tyrannie et de faiblesse. L'un n'était pas moins injuste que l'autre ; il n'était ni tyran ni faible, mais il voulait corriger le cœur sans l'endurcir.

Il est un ressort plus puissant auquel il avait foi, une autorité qui commande de plus haut et fait obéir sans violence. Ce n'est ni la rigueur qui brise, ni la mollesse qui énerve : c'est une force douce et pure, dont tout le nerf est dans le cœur et dans l'esprit, par laquelle l'énergie est réveillée, le travail consacré comme un devoir, l'ordre accepté comme une loi et une vertu ; c'est une *noble et généreuse émulation*. En elle résident les conditions d'une discipline bien comprise.

L'émulation attachée aux prix spéciaux et aux médailles ne suffisait pas : elle dégénérait en jalousie si l'on était vaincu et en orgueil si l'on triomphait. D'un autre côté, la jeunesse se lasse de vivre dans l'avenir ; des espérances lointaines ne sauraient la captiver. Dans ce but, M. Dauban créa ce petit État-Major d'élèves-chefs, récompense flatteuse dont on jouissait longtemps et qui s'accordait, non d'après le rang de mérite d'un élève parmi un nombre déterminé de condisciples, mais d'après la valeur réelle des efforts et l'excellence de la conduite. Doté de quelques priviléges, ce noviciat du commandement faisait ainsi pénétrer dans l'École, par l'esprit même de fraternité, l'amour du devoir, le respect de l'ordre, les habitudes d'application et de travail.

La prévoyance qui, en réglant le présent, domine l'avenir était une des plus hautes qualités de M. Dauban. Persuadé qu'une école spéciale, isolée de tout corps hiérarchiquement organisé, ne peut honorablement exister qu'en perpétuant les traditions qui constituent sa force, avec cette exactitude extrême qu'il apporta dans l'art si difficile d'observer les caractères, de distinguer les aptitudes, par l'attrait d'un langage toujours séduisant, il sut, en assurant à l'École la collaboration des élèves les plus capables, éloigner les causes de ces perturbations, de ce vague et profond malaise que peut engendrer quelquefois dans les études la question vitale et si délicate du personnel enseignant.

La justice que je me plais à lui rendre m'oblige cependant à reconnaître que l'esprit de domination formait le fond de son caractère. Il était, pardonnez-moi la prétention du mot, *quelque peu autoritaire*. Il voulut *être le maître et il le fut*, sans toutefois tomber dans les errements d'un égoïsme froid ; rarement il se laissa séduire par une opinion exagérée de son pouvoir, et souvent il savait renoncer à des idées qui lui étaient chères dès qu'on lui avait révélé quelques faits qui leur étaient contraires. Toujours il se montra animé de cet esprit de famille, de bienveillance, de conciliation, qui doit caractériser, depuis le plus élevé jusqu'au plus humble, ceux que le devoir appelle à la coopération d'une œuvre commune.

J'en ai dit assez, je crois, pour vous rappeler M. Dauban et le faire comprendre à ceux qui ne l'ont qu'imparfaitement connu. C'est surtout depuis qu'il n'est plus que le vide laissé parmi nous a fait sentir la place considérable qu'il occupait dans le monde de nos écoles. La popularité de son nom, en grandissant chaque jour, montre une fois de plus que le mérite de l'homme est d'autant plus apprécié qu'on s'éloigne davantage de l'époque où il a vécu.

Beaucoup d'entre vous, mes chers camarades, venus des départements de l'Ouest ont eu à cœur de saluer ce monument élevé par la reconnaissance à la mémoire de leur ancien Directeur; mais il en est qui, retenus par leurs travaux sur divers points de la France et de l'Étranger, ne pourront peut-être jamais visiter ses restes mortels. Un monument aussi durable pour eux que le bronze et le marbre s'offre à leur vénération : les *manifestations de ses pensées, les restes de son âme !* et si mes paroles leur parviennent, qu'ils les accueillent avec le sentiment de tendresse pieuse que j'éprouve moi-même en les prononçant. Ils ne voudront pas que celui dont l'intelligence choisie les a charmés tant de fois dorme tout entier dans la tombe où nous l'avons vu descendre; ils trouveront tous, sous leur toit, dans le culte du souvenir, *pour ce qui nous reste de lui,* une de ces places saintes et réservées que l'oubli n'envahit jamais.

3240   Paris. — Imprimerie de GAUTHIER-VILLARS, quai des Augustins, 55

PARIS. — IMPRIMERIE DE GAUTHIER-VILLARS,

Quai des Augustins, 55.

PARIS. — IMPRIMERIE DE GAUTHIER-VILLARS,

Quai des Augustins, 55.

www.ingramcontent.com/pod-product-compliance
Lightning Source LLC
Chambersburg PA
CBHW061035090726
47597CB00014B/4316

* 9 7 8 2 0 1 3 0 4 5 6 9 8 *